人生最重要的东西，都能在「书店」找到

[日]千田琢哉 著

罗越 译

U0781819

北方联合出版传媒（集团）股份有限公司

万卷出版有限责任公司

著作权合同登记号：06—2023 年第 10 号

图书在版编目（CIP）数据

人生最重要的东西，都能在"书店"找到 /（日）千田琢哉著；罗越译. —沈阳：万卷出版有限责任公司，2023.7

ISBN 978-7-5470-6249-4

Ⅰ.①人… Ⅱ.①千… ②罗… Ⅲ.①读书方法
Ⅳ.①G792

中国国家版本馆 CIP 数据核字（2023）第 073065 号

Shimpan Jinsei de Taisetsunakoto ha Subete "Shoten" de Kaeru
By Takuya Senda
Copyright © Takuya Senda 2021
All rights reserved.
Originally published in Japan by Nippon Jitsugyo Publishing Co., Ltd.
Simplified Chinese translation coptyright 2023 by Volumes Publishing Co., Ltd.
Simplified Chinese translation rights arranged with Nippon Jitsugyo Publishing Co., Ltd.
through YOUBOOK AGNECY，China
本作品简体授权经由玉流文化版权代理独家授权。

出　品　人：王维良
出版发行：北方联合出版传媒（集团）股份有限公司
　　　　　万卷出版有限责任公司
　　　　　（地址：沈阳市和平区十一纬路 29 号　邮编：110003）
印　刷　者：辽宁新华印务有限公司
经　销　者：全国新华书店
幅面尺寸：130mm×185mm
字　　数：100 千字
印　　张：6.5
出版时间：2023 年 7 月第 1 版
印刷时间：2023 年 7 月第 1 次印刷
责任编辑：史　丹
责任校对：张　莹
封面设计：仙　境
封面插画：喵酱画画 er
版式设计：李英辉
ISBN 978-7-5470-6249-4
定　　价：45.00 元
联系电话：024-23284090
传　　真：024-23284448

前言　我的母校是仙台的丸善和金港堂书店

以下的话可能会令读者们大感惊讶。

升入大学前，我几乎从没读过任何一本书，漫画除外。对于当时的我来说，写读后感简直是一种煎熬。我一度怀疑，自己也许一辈子都与阅读无缘，并因此被某种强烈的不安与自卑所包围。

后来，大学4年的时间里，我买了1万多本、价值1000万日元（50余万元人民币，按100日元约等于5元人民币换算，译者注，后同）的书。而且，我把它们全部读完了。

当时的我凭借优良的遗传基因与年轻人独有的强健体魄，打了好几份报酬丰厚的零工，父母也给了我一定的经济资助。我把这些钱全都用来买书了。

我的父母和高中时期的朋友都对我的转变深感诧异。对我知根知底的他们或许会怀疑，觉得我买书的行为背后另有隐情。

我之所以会转变对阅读的态度，是因为有一次在仙台的丸善书店翻阅漫画时，不经意间拿起了中谷彰宏老师的《与昨日的自己告别》。

这本书字体偏大，显得很有力量，内容更是锐利如刀锋一般，多年来只看漫画的我一下子就被吸引住了。不一会儿，全神贯注地读完整本书之后我忽然间意识到："咦！这该不会是我的第一本书吧！"

接着，我拿着这本书直接跑去柜台结账，把店里的漫画书置之脑后。而我也从那天起，成了一个彻头彻尾的"书虫"。

后来，不管刮风下雨，我几乎每天都会前往仙台的丸善和金港堂书店，买书也从来不受门类限制。如今，我发自内心地认为，仙台的丸善和金港堂书店就是我的母校。

没时间去书店的日子，我会在学校邮购书籍，一买就是几十本。负责下订单的阿姨跟我比较熟识，记得有一回，她用忧心的口气问："你买的这本书要3万日币（约1500元人民币）呢，会不会太贵了呀？"我想，在旁人看来，我一定是个花钱大手大脚的富家子弟吧。

我贪婪地阅读着，就好像一片极度干燥的沙漠，正在大口大口地吸入水分。

当时的我从来没有想过，多读几本书就能功成名就，成为有钱人，抑或是将来也能成为作家。毕竟，彼时的我对未来所知甚少，对人生也是一窍不通。

不过，时至今日，我可以肯定的是：在你的人生中，未来将会遇到的所有难题，以及妥善处理这些难题的方法与诀窍，都已经在某位作家的某本书里写得一清二楚了。

我希望广大读者都能认清这一事实，并亲身体验它，接受它。

这本书写于10年前，此刻重读，我的初心依然没有任何改变。随着时代的变迁，一部分内容已经稍作更改，每章各新增1节。希望读者会喜欢这次重新修订的版本。

2021年1月于南青山书房

千田琢哉

contents 目录

第 2 章 | 书籍在背后推动你的"执行能力"

第 3 章　书籍能够培养你真正的"沟通能力"

第 4 章　书籍提升你事半功倍的"学习能力"

第 5 章 ｜ 书籍磨炼你使命必达的"工作能力"

第 6 章 | 书籍给予你摆脱财务风险走向财富自由的"变现能力"

第 7 章　书籍能够加速激发你的"成长能力"

第8章 改变人生的书籍，"如何挑选与阅读"

第 1 章

只要学会阅读，
不管时代如何变迁都能
凭借智慧披荆斩棘

All I Really Need to
Know I Learned at the Bookstore.

01

阅读使你获得
充裕的时间

由于工作的关系，我接触过形形色色的公司，从中我发现一条令人惊讶的规律：越是每个人忙东忙西，从早到晚疯狂加班的公司，越是容易滑向倒闭的深渊。

每个企业都有所谓的周期，过了巅峰期，免不了要走一段时间的下坡路。因此遇上手忙脚乱的公司可就要留个心眼了。

这条规律放到个人身上同样适用。起初，我们刚刚踏上社会，会遇到许许多多需要学习、适应的东西，看上去手忙脚乱无可厚非，但总是处于适应阶段，是否也证明了你毫无成长呢？

在我看来，总是忙忙碌碌的人，几乎最终都与财富无缘。就算现在手头项目很多，忙得不可开交，将来也会千金散尽，什么都没剩下。忙碌只是表象而已。

如果能够静下心来阅读，从真正有智慧的人那里获得点拨，就能开启人生的财富之门。

不只是阅读。如果你听到某人把"太忙了没时间做……"挂在嘴边，要小心！财富的缺乏与时间的缺乏都是会传染的哦。如果你有任何真心想做的事情、兴趣，就应该把它排在人生序列的最前端。

把最感兴趣、最值得做的事情摆在第一位，你的时间自然会如泉水般不断涌现。反之，如果拿忙当作借口不去阅读，只能说明阅读对你并不重要。

充裕的时间比充裕的金钱更重要。
到最后，有充裕阅读时间的人，也会获得充裕的财富。

02

养成阅读习惯的人
会遇上真正的好书

　　不只是阅读，说到电影，经常会有人把"最近片荒"之类的话挂在嘴边。

　　但是只要仔细观察，不难发现，这类人根本没看过最新上映的电影、最新出版的书籍。**但凡有阅读习惯，阅读过大量书籍、看过大量电影的人，绝对不会说出"最近片荒"这类的话。**

　　值得反复阅读、反复欣赏的书籍、电影的确是稀缺资源，不会频繁地出现在我们的生活中。按照我的经验，100本书中有1本、100部电影中有1部这样的作品都已经谢天谢地了。

换句话说，为了找到那1%的优秀作品，我们需要大量接触各式各样的书籍和电影。

也许有人要问："那剩下的99%岂不是浪费时间吗？"

不必担心，当你遇到真正优秀的那1%时，一定会发自内心地感谢剩下的99%。因为，与1%相遇的捷径，就是走完那99%的旅程。

在"质"与"量"中只求前者，便无法真正体会人生的意义与价值。那就好像，推理小说怎么能第一行就把真凶是谁写出来呢？

人生的乐趣就在于"量"的堆积，兜兜转转遇见真相。

通过大量的阅读找寻好书。
一旦读过真正优秀的作品，便会进一步提高阅读的数量。

03

与其加班不如阅读，
让工资稳步增长

　　就我个人的经验而言，热爱读书的人基本都不贫穷。

　　也许你会反驳，爱读书的人会买很多书，既然如此，当然需要有一定的经济条件才能支付得起这笔开销啊。

　　通过跟爱读书的朋友交谈，我发现他们几乎都是从学生时代生活拮据的时候，就开始养成了阅读、买书的习惯。当一个人的阅读量大到一定程度后，便会来到知识化作智慧的那个临界点。

　　所谓知识是碎片化的，它本身并不能变成财

富，顶多能够让你在学生时代考试多得几分。一旦步入社会，"作弊"就变得司空见惯，任何知识都能免费在网络上搜索到。

而智慧则不同，智慧是知识与知识的有机结合。大量的知识产生化学反应，形成某种看待人生、改变社会的全新的角度。当你拥有智慧时，是能够给旁人以启发、愉悦的，作为回报，你也会获得相应的地位与财富。

这是一条放之四海而皆准的规律。与其被公司捆绑，无休止地在工位上加班，不如捧起书来学习新知，这样或许还对升职加薪有点帮助呢。

我敢肯定爱读书的人都不会贫穷。
没钱的时候更要买书，为智慧投资。

04

在付诸实践前充分阅读，
让成功率节节攀升

也许有人会觉得，很多书都不过是纸上谈兵而已。

我要纠正读者们的这种错误观点，在当今的出版界，几乎找不到什么纸上谈兵的书籍。出版行业日益饱和，缺乏实际意义、无法付诸实践的书籍根本无法获得读者的青睐。

从作者到编辑，所有出版从业者都在搜肠刮肚，把自己能够提供的所有经验、智慧注入书籍之中。纸上谈兵的空谈书籍逐渐从书架上消失，真正在社会上获得成功与肯定的人成了出版界的宠儿。

再过几年，那些泛泛而谈的作品也会被市场淘汰，抽象的、不接地气的、沽名钓誉的作品将一去不复返。

越来越多的书籍不仅由真正成功的人士撰写，还巨细靡遗地将幕后真相和盘托出。因此，当今的读者真是有福，出版界已然去伪存真。

当你想要挑战新的领域时，闷头跳入与充分阅读后再去实践，结果自然大相径庭。如果认为书籍只是纸上谈兵，可就大错特错了，千万不要输在起跑线上哦。

阅读之后再去实践，这样才能少走冤枉路。轻视书籍的人，已经输在起跑线上了。

05

CEO 们都是
畅销书的忠实读者

很多人都觉得，畅销书不值一读。

在我看来，持有这种观点的人，多半都是傲慢的。也正是这种傲慢的心态，令他们自己把上升的通道给堵住了。

不得不承认，畅销书并不一定就是好书。但是，畅销书之所以卖得好，背后一定有它的原因。为什么在铺天盖地的同类书籍中，只有这本脱颖而出了呢？

畅销书的诞生汇聚了作者、编辑等幕后团队的大量心血，是汗水、泪水、执念、怨念的结晶，就

算你现在不想读，买一本放在手边也没坏处。

当你需要在工作中发挥创意，提出某个策划案时，也许身边的这本畅销书就会成为你灵感的来源。畅销书是智慧的结晶与源泉。

观察商界不难发现，许多叱咤一方的CEO都是畅销书的忠实拥趸。反之，那些无法在事业上更进一步的人往往对畅销书持批评态度。

也就是说，越爱读畅销书的人事业上越有收获，越排斥畅销书的人越难进步。

CEO 们都爱读流行的畅销书。
事业越不顺遂越会对畅销书百般挑剔。

06

优秀的小说也是
优秀的财经书籍

正如书本身没有贵贱之分，小说也好，财经书籍也罢，类别的区分并没有多少意义。学术性的分类工作就交给评论家们好了。

作为人生的主人，如果你想要活得游刃有余，小说和财经书籍都是值得借鉴的宝库。优秀的小说是优秀的财经书籍，优秀的财经书籍同样也是优秀的小说。莎士比亚的小说里就蕴含着许许多多财经、职场方面的启示。

优秀的小说早已脱离小说的范畴，是最极致的成功学书籍。

儿童文学作者吉野源三郎1937年出版的《你想活出怎样的人生》被各大出版社反复出版，2017年更是推出了漫画版。这部作品每次面世都受到读者的喜爱，很多人都是先读了漫画，进而接触到文字版的。

　　契机并不重要，释放自己的求知欲，不必介意门类、风格，大量阅读一定能够最终与优秀的作品相遇。

　　设想一下10年后，也许你跟那些评论家们的地位已经完全倒转了，你成了阅读达人，而此刻指指点点的评论家们不知去了何处。

优秀的小说就是优秀的财经书籍，优秀的财经书籍也是优秀的小说。

07

不必介意
阅读的速度

那些强调阅读速度的人，并不是真正爱书之人。正因为并不是真正爱书，才会希望通过快速阅读，收获旁人的赞美和羡慕。所谓的赞美也好羡慕也好，还是留到事业闯出一番天地后再说吧。

为了得到旁人的赞美和羡慕而阅读的人，根本无法与真正养成阅读习惯的人相提并论。他们一定会中途受挫，感到疲惫，最终放弃阅读。这是何等可惜的事啊。

把赞美和羡慕摆在一旁，不要受那些阅读技巧的蛊惑，首先请唤起内心的求知欲。别在意阅读速度，读得再慢也没关系。

就算有人说你读得太慢了，你只需要一个微笑，继续慢悠悠地读下去就好。草草翻过书页，怎么会比一页读上一小时获得的启发更多呢？

在我看来，用自己喜欢的速度读自己喜欢的书，爱读多久都可以。

关键并不是能否掌握快速阅读的技巧，而是能否养成终身阅读的习惯。

阅读不分快慢。
能否养成阅读习惯才是关键。

08

漫画也是阅读的
重要组成部分

"漫画有什么好读的"，这种说法是对书籍的轻蔑。没错，这么说话的人并非只瞧不起漫画，而是瞧不起所有的书籍。

日本的漫画水准之高世所公认。奇怪的是，日本的漫画在国内获得的肯定远低于在国际获得的追捧。

包括漫画在内，很多东西都会由于被全世界读者、消费者认可，从而得以回归日本市场，重新获得日本人的肯定与喜爱。

当日本的漫画收获国际赞誉的时候，还抱着

"漫画有什么好读的"这种心态，岂不是对整个出版业的轻蔑吗？

认真研读漫画吧，你一定会对日本漫画刮目相看，被其超高的水准所震慑的。深受漫画启发，升入研究所，完成科学梦想的孩子不胜枚举。

这么说来，漫画改变世界丝毫不是一句空话、大话呢。

爱读漫画的你是否打算周末泡在漫画咖啡店，花几年时间把店里所有的漫画统统读上一遍呢？**如果累了不妨换换口味，挑一本哲学书或心理励志类著作，这种阅读的方式我完全赞成。**

读漫画也是阅读。
爱漫画的你大可以徜徉其中。

09

培养孩子养成
阅读习惯的方法

许多家长总会叮咛孩子，"不要总是玩，多读一点书"。

听着这些话长大的孩子，对阅读多半是抗拒的。家长的叮咛带有"强制"的成分，没有人愿意被别人强迫，己所不欲，勿施于人嘛。

想要让孩子们养成阅读习惯，方法其实很简单，就是让孩子们看到你热衷于阅读的身影，言传不如身教。

当你不时捧起书籍，看得津津有味，甚至会抽出时间悄悄读上一会儿时，孩子们自然会觉得阅读是一件很有趣的事，并会开始模仿你的行为。

反之，如果你整天瘫在沙发上看电视，孩子们也会模仿这种行为模式，整天只知道宅在家无所事事，看电视，玩游戏。

孩子是家长的一面镜子。

当有些失败的家长对自己的孩子说"我怎么教出你这样的孩子"时，他真该反躬自省，重新审视一下自己的教育模式问题究竟出在哪儿。

没必要唠唠叨叨地不断提醒孩子"该学习了""该阅读了"，这是最差的教育方法。用自己的行动而非言语，给孩子做个好榜样吧。

孩子会模仿家长的行为。家长津津有味地阅读，孩子才会养成阅读习惯。

10

适合自己的书
只有自己能够找到

我不太喜欢为别人推荐书籍，也不主张向别人
索求推荐书目。

"有什么书推荐我读"之类的问题毫无意义。
就算给出答案，对方多半也不会照做。更何况，
书籍的选择因人而异，推荐书目鲜少符合对方的
需求。

找寻适合自己的书是每个人应该自行负担的
职责，千万不能假手他人。不妨把这个过程看作寻
宝，寻找适合自己的书，过程充满乐趣。

正如我们不喜欢一开场就被"剧透"那样，

探寻的过程本就充满乐趣，不亲身体验可就太浪费了。在寻找的过程中，你会一点点靠近真正适合自己的好作品。

无论在人生的哪个时刻与真正打动你的好作品相遇，那都会成为你的高光时刻。

随着我们不断成长、变化，喜爱的书籍类型也在发生改变，唯有你自己能够找到适合自己的书。

只有你能够找到真正适合自己的作品。
让他人为你代劳还会错过找寻的过程。

11

在关键的时刻，
话语的力量会支撑着你

由于工作关系，我接触过3000多位职场精英。他们大多担任公司董事以上的职位。

对于肩负公司生死存亡这一重责大任的他们来说，精神压力可见一斑。考虑过自杀的人不在少数，亲身经历过破产的也大有人在。

那么，是什么支撑着他们走到现在呢？我发现，话语的力量往往是他们内心重要的支撑。所谓的话语，并不是某几句特定的格言警句，对每一位职场精英来说，这些话语都是各不相同的。

为了能够在人生的关键时刻获得来自话语的强

力支撑，就得增加在日常生活中与这些话语接触的机会。

不经意间滑过心头的话语会留下一个钩子，种下一颗种子。这就需要我们通过阅读、上网、与人交谈，不断增加获取这些话语的机会。

这种话语的植入是在潜意识中完成的。我在大学时期，阅读了大量的文学、哲学、心理学、教育学、科学、财经、心理励志等方面的书籍，至今仍不间断地阅读，吸取最新的知识和话语，这些都成了我人生的重要支撑。

人生的某个时期需要大量的阅读。
这份经验会令接下来的人生截然不同。

人生最重要的东西，都能在『书店』找到

第 2 章

书籍
在背后推动你的
"执行能力"

All I Really Need to
Know I Learned at the Bookstore.

12

聪明的读者会
第一时间购入心仪的书籍

在我接触过的成功人士中，每次有幸拜访他们，见识到他们的书房或书架，我发现其中一大共通点：书架上占据压倒性优势的多数是单行本、精装本。

不可否认，普及本、便携版书籍在携带的便利性上更有优势。随着出版业的发展，也有不少作者在初次推出作品时选择以较为亲民的普及本、便携本形式与读者见面。但通常来讲，书籍都会先推出精装版、单行本，再根据市场需求销售简装版、便携版。

那么，假如你刚刚养成阅读习惯，在选购书籍时挑选更轻便、更便宜的普及本无可厚非，但如果你对某一本刚出版的单行本作品特别感兴趣，却一味抱着"非便携版不买"的观念，那可就大错特错了。

不妨让我们计算一下，如果普及本的售价是单行本的三分之一，你多付出三分之二的金钱，换来的是抢先阅读的特权。更何况，在你最想读的时候读到这本书，这种意义是无法用金钱衡量的。

正如海产品、蔬菜都有各自最佳的品尝时间，人的好奇心和吸收知识的能力也有所谓的最佳时段。时令蔬果是最为美味的。

总而言之，成功人士对于时间的把握、时机的拿捏都值得我们学习。

跟海产品、蔬菜一样，好奇心和吸收知识的能力也有最佳时段。成功人士懂得抢先获取知识，用金钱换取时间。

13

购入一本好书，
去咖啡店读

如果希望阅读对自己的人生起到积极的作用，那么方法只有一个，就是去读那些会让你坐立不安、跃跃欲试的书。

真正会对人生产生影响的书，你在读的时候，翻动书页的手会不由自主地颤抖，心跳还会明显加速。阅读就是要读那些你真正感到有意思、有趣的书，那些你会偷偷躲起来、随时随地都想读上几页的作品。

有些人会故作姿态，阅读一些看起来高深的书籍，或是因为课程、工作需要查阅资料而阅读，那些都不能算是有意义的阅读。不必在乎旁人的眼光。

如果阅读依旧让你倍感疲倦，就说明你还没有完全从应试教育的泥潭中脱身出来。真正的阅读非但不会令人困倦，反而会使你大半夜里精神抖擞。买到好书的你会异常兴奋，终于等到新书问世的时候甚至会热泪盈眶。

我有好几次是站在书店里把书读完，随后才去柜台结账的。又或者是从书店买完，等不及回到家，便就近找了家咖啡店，心急火燎地当场把书读完。书房、书架对于我，与其说是阅读空间，不如说是收纳书籍的地方。

真正的好书一边读一边就会跃跃欲试。
站着读完全书，心潮澎拜。

14

阅读的过程能够
同时锻炼左右脑

无论男女，平衡感较好的人通常更受欢迎。

所谓的平衡感，指的是左脑与右脑的发达程度相对平均。很多人会固执地认为自己属于左脑型或右脑型，这代表他们左右脑的平衡感有所欠缺。

左脑或右脑过于发达，都会影响人的平衡感。在科学上，大脑的状况与性别有关，个体差异也比较明显，一般认为左脑与逻辑有关，右脑则与感性相关。过度讲求逻辑性只会让周围人倍感烦躁，感性过于发达也往往事与愿违，空欢喜一场。

当然，在职场上，将左脑型的人与右脑型的人相互组合，或许能够达到事半功倍的效果。保持开放的心态，接受彼此的差异也很重要。

阅读也会发挥重要的作用。

阅读时左脑的逻辑性需要被充分调动，右脑的想象力和感性也不可或缺。

通过阅读，左右脑相互协作，让人更有平衡感，对各种不同的声音也能养成倾听的习惯。倾听是协作的前提条件。

阅读是逻辑与感性的练习。
练习逻辑与感性，提升平衡感。

15

有阅读习惯的人更容易获得帮助

阅读让人变得谦虚。

这是显而易见的。通过阅读，我们与古今中外拥有渊博学识的人产生联结，为他们所折服，那些如星辰般闪耀的智慧结晶令我们无法不佩服，自然也就了解到自身的渺小，从而变得谦逊起来。

那么，谦虚又是什么呢？其实，谦虚就是"理解"的能力。总是把"不理解""不接受"挂在嘴边的人往往很难说是谦虚的。当你对某些事情感到"不可理喻""无法理解"时，千万不能向外界发泄你的情绪，反而要从自己身上找原因。很快你就会明白，恰恰是因为自己所知有限，知识、眼界存在盲区，所以才会无法理解、接受。

当你学会试着去接受时，才能真正明白对方想要表达的真意。而拥有开放心态，懂得理解他人的人，才能凭借谦虚的姿态获得周围人的支持和帮助。对旁人的意见充耳不闻只会把自己置于更为孤立的境地。敞开心胸，学会倾听，接受旁人的支持和帮助吧。

通过阅读，你一定能够成为拥有开放心态的人。试想一下，当你成为公司的中层领导时，20多岁时养成的积极心态会成为一笔重要的财富。

想要说服别人，就得拥有1000倍的理解力。深度10倍×广度10倍×热情10倍=1000倍。

阅读能大幅减少无法理解的可能。
要想加深理解，就要通过阅读让自己更谦虚。

16

有阅读习惯的人
相对更为坚强

设想一下，如果处在最艰难的时期，你能做些什么呢？答案当然是阅读。

身处最艰难的时期，也许你会有很多空余的时间，也难免胡思乱想。

在自己的既定轨道上奔忙的人不会有闲情逸致胡思乱想，反之，如果有人抱怨工作太忙，也一定没到所谓最艰难的时期。当一个人在精神上或肉体上被逼到极限时，根本不会有时间怨天尤人。

当你与好朋友吵架，彼此老死不相往来时；当你与客户发生矛盾，被对方彻底屏蔽时；当你与恋人大吵分手时……这些状况或许会令人走入人生最艰难的时期，但我敢说，有阅读习惯的人，在这样的时候相对更为坚强。

这是为什么呢？因为，有阅读习惯的人已经准备好一大堆鼓励自己的话语。回望多年前的东日本大地震，那时帮助人们从困境中走出来的，也是话语的力量。

我们的肉体离不开食物，同样，精神也离不开话语的力量。

人们能够从最艰难的时期走出来，靠的就是人与人之间的沟通和交流。沟通时彼此安慰的话语，相互抚慰的笑容，会逐渐放松我们的大脑，帮助我们从负面情绪中脱身出来。

大范围地接受话语的洗礼吧。
只有话语能让我们变得坚强起来。

17

把手边的书作为礼物，就会更好地记住书中的内容

离别的时刻我们往往记得最清楚。

交往多年的对象，那么多日日夜夜、点点滴滴很快就从记忆中消失了，但分别的时刻却会记一辈子。

在分别的时刻，人的记忆会得到强化。也就是说，人的大脑会把分别的时刻视为最重要的时刻，下意识地强化记忆。

这一点在阅读方面也是相通的。记得当我毕业后找到第一份工作的时候，如何处理藏书成了最伤脑筋的事。如果把手边所有的书籍全都一股脑儿地

搬到员工宿舍，恐怕我连睡觉的地方都没有了。

后来，我把当时95%的藏书都处理掉了，最后只剩下了大约一个书架的书。我把一捆又一捆的旧书拿去二手书店变卖，店主皱着眉头向我抱怨道："你是打算让我们店倒闭吗？"

这次清理书籍的经历，让我深刻体会到，**当你与心爱的书籍告别时，书中的内容会更加鲜明地印刻在脑海里**。

没有割舍，自然也无法踏入新的人生阶段。

把书本作为礼物，与它们告别，才能更快速、长久地吸收书中的内容。

18

成功人士的书架上
有很多"初版书"

上文提到，成功人士的书架上通常都有很多畅销书。

往往越是工作繁忙的精英人士，书架上的畅销书越多。而且，翻阅这些书籍的版权页，不难发现"初版书"的身影。

所谓"初版书"，就是书籍印刷出版的第一个批次。也就是说，那些成功人士购买这些书，并不是因为旁人的推荐或口碑，而是书籍一上市就第一时间购入。

进而言之，或许他们在畅销书上市前夕就已经预约了。这是多么强大的行动力啊。比行动力更重要的，则是他们强烈的好奇心。

越是在职场上毫无建树的人，越喜欢三两成群地对畅销书指指点点，这成了他们体现价值的唯一途径。

职场精英则不然，他们会第一时间购入《自学大全》，书架上摆着一整套《鬼灭之刃》。他们从不会对畅销书加以批判，而是不断找寻其热销的背后原因。

习惯找缺点的人停留在幼儿园，而习惯找优点的人大脑会不断进化。

畅销书即使不读也值得买。
找到它热卖的原因会给你更多启发。

19

书架上不起眼的书
或许会改变你的人生

当我们来到书店，目光经常会被在店门口排得整整齐齐的"热销书籍""近期新书"所吸引。

我并没有轻视这些书籍的意思，作为书店的经营者，也一定花费了巨大的心力，用这样的方式向读者展示、推荐值得购买的好书。

需要指出的是，真正爱书的人，不仅会关注书店门口最炙手可热的作品，对插在书架上、只露出书脊的作品同样不会忽略。

罗列在书架上的书籍乍看之下一点都不起眼，却足以考验我们选书的眼光。

也许很多人会觉得，有些书陈列在书架上，根本不会有人注意到。实则不然，即便再小众，只要有一定的需求，这些书就有存在的价值。

我特别喜欢穿梭在书架之间，找寻适合自己的作品，这个过程与寻宝并无二致。与同样爱书的同好擦身而过，彼此还会给对方一个微笑。

有时候，看到书架上的某本书被抽走了，我还会不禁感到羡慕，又有一个爱书人找到了心仪的好书啊。

站在书架前，找寻适合你的、世界上独一无二的、只属于你的好书。

20

翻阅过两次的书，
买回去准没错

逛书店的时候，我们时常会犹豫不决。

拿起一本书读了几页，放下之后，过一阵子又把它拿了起来。

有些人遇到这样的情况总是举棋不定，不断地拿起又放下。

犹豫来犹豫去，最终放弃的大有人在。**人生何尝不是如此，想要获得成功，当机立断的决断力是不可或缺的。**

在我看来，如果你两次拿起同一本书，那么买回去准没错。多次拿起同一本书，就说明在潜意识里，这本书正是你所需要的。

想要收获幸福，首先要学会对自己诚实。

想要收获幸福，就不要欺骗自己。
买下拿起两次的书，对自己诚实一点。

21

你的书架就是
你未来的镜子

让我们看一眼自己的书架吧。

简单来说，你买了哪些书，你就会自然而然地成为什么样的人。因为，此刻在你书架上的这些书籍，恰恰是你所做出的决定的总和。

爱书之人通常都拥有气派的书架或书房，这些书架可能内外摆上两层的书。依我看，内层的书代表我们的真实想法，外层的书则代表我们的外在表现。

因此，书架上外层的书和内层的书一起构成了我们未来的志向以及想要成为的样子。

你的使命是什么？

你的目标是什么？

你想要在社会上扮演什么样的角色？

这些问题的答案，不妨去你的书架上找找看吧。

很多人会为了找答案，大费周章地离开供职多年的公司、就读的学校，其实，答案说不定就在你的身边。

分析书架就是分析自己。
你的使命就在真实想法与外在表现之间。

22

准备不足便出击，往往会错失良机

在我看来，许多职场的原则都停留在上一个时代。例如，我们常常鼓励年轻人，在初入职场的时候要不怕碰壁，多多尝试。

很多人认为，年轻就是本钱，要勇于试错。还有人会说，要懂得忍耐，踏实勤恳地默默往上爬。更有甚者，还会搬出老掉牙的观点，一味崇尚刻苦，让刚入职的员工通过发名片、打电话来拓展人脉。

这些做法早已过时了。让缺乏社会经验的职场新人与经验老到的客户、领导交流往往适得其反，说不定还会在不经意间触怒对方，影响未来发展的可能性。

浪费对方的时间，很可能让你登上黑名单，永远得不到翻身的机会。

我在初入职场的阶段幸运地得到领导、客户的赏识和垂青，背后的原因只有一个，就是我早在大学时代便已熟读松下幸之助、中村天风、安冈正笃等日本名人撰写的书籍。大学的阅读成了我踏上社会的重要预习。

横冲直撞、蛮干，并不值得夸奖。
流汗之前，先让脑袋出点汗。

人生最重要的东西，都能在『书店』找到

第3章

书籍
能够培养你真正的
"沟通能力"

All I Really Need to
Know I Learned at the Bookstore.

23

自掏腰包买书，
对知识抱持一份敬意

对于那些不买书，只知道借书的人，我一直没什么好印象。**我始终认为，如果想要在职场有所作为，就一定要自掏腰包买书。**

只要不是主动花钱支付相应的费用，人对于获得的东西就会摆出傲慢的态度，而最后损失的却是他自己。

不妨联想一下常见的进修或研习会。很多员工参加公司组织的半强制培训时，常常心不在焉，在课堂上摆弄手机，或是抱着手臂打瞌睡，被讲师点到名，一问三不知。

相反，如果是自掏腰包参加培训或讲座，通常学员们都会热心地记笔记，坐姿也会非常端正。

正因为支付了相应的费用，人们才会对获得的知识抱有一定的敬意。

说句题外话，借书与借债的状况也颇有几分相似。借书的人常把借来的书籍束之高阁，每当遇到书籍的主人，对方询问"那本书你读了吗"时，借书人便吞吞吐吐，场面显得格外尴尬。实际上，对方根本不关心你的读后感，而是在催促你快点还书呢。

借书的人，往往无法在职场有所突破。
自掏腰包买书，才能掌握人生的主动权。

24

主动跟对方分享
你正在阅读的书

如果想要拓展自己的人脉，最简单的方法就是，主动跟对方分享你现在正在读的，或是刚刚读完的书。

不必介意讲述的内容是否精准、完整，把打从心眼里觉得有趣的内容用有趣的方式告诉对方。

这么做有两个好处：首先，通过跟对方分享你的真情实感，你的想法、思考就能够迅速得到加深。其次，被你的话语打动后，同样喜爱阅读的人就会逐渐聚集在你的周围，而不喜欢阅读的人则会慢慢离你而去。

我相信用不了一年，你身边的人脉就会完成大换血。**热爱阅读的人相对更有上进心，在经济方面、社会地位方面也更为成功**。

　　热爱阅读的人相互吸引，互相提携，每个人都能从中受益。而那些不阅读的人最终会离财富越来越远。

　　跟对方分享你正在阅读的书，一年后，人脉将成倍增长。

25

收到别人送来的书
要尽快表达感谢

在工作和生活中，我经常收到别人送来的书。以书作为礼物的人，通常在职场中都有一定的地位。受他们的影响，我也时常把书作为礼物，其中不乏我自己出版的作品。

通常当我收到别人送来的书时，会由衷地感谢对方，也很希望与对方成为更好的朋友。我会尽快通过邮件、书信等方式表达感谢。

另外，只要有时间，我就会在收到礼品书后第一时间阅读，并在回信中分享我的读后感。

这样一来，阅读的过程与对方给我留下的印

象就会紧密地结合在一起，从而更长久地留在记忆之中。

以书作为礼物的人往往很有人情味。
你由衷的感谢会令对方倍感欣慰。

26

通过阅读
刷新人际关系

养成阅读习惯后，你会发现，身边交往的人会很快发生改变。

有阅读习惯的人与没有阅读习惯的人根本没有共同的话题，当你养成阅读习惯后，身边那些不读书的人便会自然而然地离你而去。

阅读给你带来丰富的知识和强烈的好奇心，你关心的不再是鸡毛蒜皮的日常琐事，抑或明星艺人的八卦消息，而是那些更积极、更宏大的内容。

值得提醒的是，恋人、夫妻之间，如果一方很爱阅读，而另一方完全不阅读，关系通常无法长期维持。**虽然双方的成长步调各有不同，但沟通的品质同样值得关注**。

是否阅读与优劣、对错无关，只是双方身处的世界不同罢了。就好像鱼类和鸟类本就是截然不同的生物。

是否阅读，足以把人群一分为二。

这个星球上只有两类人：阅读的人和不阅读的人。

27

如果想进一步了解对方，就去读他推荐的书

首先，我并非倡导只要被人推荐了某本书，就一定非读完不可。

我始终认为，阅读的大前提是"在你喜欢的时间，用你喜欢的方式，读你喜欢的书"。再也没有比硬着头皮读自己不喜欢的书更浪费生命的事了。

但是，只在一种情况下，我建议你试着去读一读并不感兴趣的作品，即当你想要进一步了解对方时。

换句话说，阅读对方推荐的书，能够帮你更深入地了解对方，就好像你们一起去看某场电影，共

同分享影片中的喜怒哀乐。

阅读对方喜欢的书籍，与对方共享同样的心情。

28

独身一人
恰是绝佳的阅读机会

当你在人际关系中倍感受挫时，不要排斥此刻失落的心情。没有品尝过失落滋味的人，将来会缺乏某种人生的厚度。没有品尝过失落滋味的人，也错过了绝佳的阅读机会。

心情低落时，通过阅读让自己满血复活吧。对于有阅读习惯的人来说，心情低落、四处碰壁、孤立无援的时期，反而是阅读的黄金时间段。

书籍本就是帮助人们打开纷繁复杂人际关系的钥匙。**如果没有任何的烦恼，那么阅读就好像是一场没有地图的寻宝旅程。**

反之，要是怀有明确的烦恼与疑问，在阅读中寻找答案，就好像持有一份高精度的地图，寻获答案的概率成倍增加。

　　在我看来，如果要把人生划分成两种状态，是否受到人际关系的困扰根本无足轻重，只有能投入书海的幸运时期和无法徜徉书海的不幸运时期而已。

人际关系受挫时恰是阅读的好时机。
找寻答案的过程也是阅读的黄金时期。

29

回忆不起购书的具体状况，这样的书清理掉也无妨

现在的你，还记不记得与恋人、伴侣初次见面的情景呢？

如果你无法清晰地回忆起当天的情景，或许说明此刻身边的恋人、伴侣并非命中注定的那个人。爱情萌芽的那个瞬间，相遇的第一天，第一个眼神，我们怎么可能忘记呢？

心爱的书籍同样如此。在需要搬家的时候，我们不得不丢弃一部分藏书，这种左右为难的心情我比任何人都了解。对我来说，能否回忆起购书当天的具体状况，是决定这本书去留的关键标准。

只要我能够清楚记得购书的地点，甚至是书店店员的容貌和表情，我就不会轻易丢弃它。反之，如果想不起来，那么清理掉也就不必感到可惜。

　　也许有人会问，如果将来又要用到丢弃掉的书，那该怎么办呢？当然是再买一本啦。

与书籍的相遇跟谈恋爱一样。
与书籍的分别同样如此。

30

阅读的本质是
与自己进行沟通

在我看来，阅读的本质是一种沟通。

一方面是与作者进行沟通。在阅读的过程中，我们会产生豁然开朗的感觉，仿佛上了一堂一对一的课程。

很多所谓的天才作家都能让我既感动又绝望。感动的是他们小小年纪就能写出如此震撼人心的作品，绝望的是他们的高度是我永远无法企及的，而且人世间几乎所有的微妙情感都被他们写尽了。

另一方面是与自己进行沟通。**我很喜欢"触动心弦"这个词，当我们经历过人生中的风风雨**

雨，在阅读时就会常常被书中的文字所打动，伤心的过往会在书中找到慰藉和答案，最终与自己完成和解。

阅读是感性的，是在大脑中确认爱意的存在。

31

朗读的过程会令你
发现全新的自己

念小学的时候，我的老师会布置家庭作业，让我们回家念课文，还要求家长签字。

我记得这位语文老师的声音特别好听，每次读课文都让我沉醉其中。课文的内容并没有什么特别，关键是老师沉稳有磁性的声音，大概会让听者的大脑产生 α 电波吧。

现在，每当我发出声音朗读书上的文字时，都会想起那位小学语文老师。在朗读时，我们听着自己的声音，体会某种奇妙的陌生感，起初略感羞涩，逐渐地学着拿捏声音，用更为"专业"的、接近播音员的方式朗读。

久而久之，你会对自己的声音产生全新的认识。除此以外，朗读会比默读更具体且深入。默读的时候人们习惯一目十行，快速地向前推进，而朗读则需要一个字一个字，更细致完整地体会作者埋藏在字里行间的真意。而且，在朗读的时候难免会遇到读音不确定的字，抑或是意思模糊的词语，这时候就需要依靠字典、网络搜索引擎答疑解惑。

朗读总是伴随着新发现。**想要与全新的自己相遇，不妨回归小学时代，试着朗读**。调整坐姿和发音方式，朗读还会使你精神为之一振。

心情烦闷时不妨试着朗读。
调整坐姿与发音方式，换换心情。

32

挑战难读的书教会你
如何与难相处的人交流

有趣的书会让你乐在其中，而挑战难读的书则会为你拓展出新的可能性。

人生的转机通常就在我们身边，绝大多数的人会因为固有的偏见错过难能可贵的机会。就像很多人都有挑食的毛病，这个不吃那个不吃，不愿意尝试，拒绝挑战。明明会更加精彩的人生，美好的时光，就这样白白浪费了。

人生重要的不是绽放出美丽的花朵，因为花朵盛开后必然会凋谢。**最重要的是如何做一个不挑食的人**。阅读同样如此，不要因为难度而排斥，尽量试着读读看，一时无法理解就暂时搁置，过一段时间后再次挑战即可。

当阅读量达到一定程度时，也许你会突然有种开窍的感觉，以往觉得难以理解的作品，会忽然变得不再如同天书。同样，想要与难相处的人交流，也可以采取这种方法。

找到心爱的书自然值得高兴。
从难读的书中找到闪光点同样值得高兴。

33

聪明人会为了对方
说出"善意的谎言"

　　不妨对大家坦白，我在人际交往的过程中，会说"善意的谎言"。

　　当我们为了他人的幸福和希望，适度地说一些小谎的时候，谎言即变为理解、尊重和宽容，并产生神奇的力量。

　　当然，真诚是做人的根本，"善意的谎言"往往是不得已而为之。**对此，我的底线是，一定要出于善意的爱护，不以利己为目的。**例如，当我们得知亲戚病重，获悉朋友遭难时，为了不给他们带来更多的痛苦，就需要说"善意的谎言"，来帮助他们在心中燃起希望之火。

在各种各样的交际场合，为了避免让人难为情，为了让人鼓起生活的勇气，有时候我们的确需要一些"善意的谎言"，它是人际交往的润滑剂，更是一种做人的智慧。通常，人们在得知真相后，心中是感动而非怨恨。

"善意的谎言"建立在真诚与善良之上，具有抚慰人心的力量。在人与人的交往中，要通过阅读不断磨炼沟通的技巧，观察人性，体察人心。

为了让自己和他人都能收获幸福，聪明人要学会说"善意的谎言"。

人生最重要的东西，都能在『书店』找到

第 4 章

书籍
提升你事半功倍的
"学习能力"

All I Really Need to
Know I Learned at the Bookstore.

34

不要局限在网上书城，
每周去一次书店把握时代脉动

我经常在网上书城买书。如果你很明确地知道需要购买哪些书籍，那么点击几下鼠标，在网上书城购物，需要的书籍很快就会直接送到你的手上。而且，像亚马逊商城这样的电商平台都有针对个人的推荐服务，他们能够通过分析你过往的购物喜好，推荐适合你的商品，堪称市场调查的典范。

然而，如果你时常光顾实体书店，一定也会发现，实体书店有其存在的必要性。首先，电脑、手机屏幕有限的空间无法承载大量的信息，而这些庞大的、最新的资讯都能在书店里即时获取到。在网上书城逐渐成为主流后，实体书店在书籍的挑选、陈列、组合等方面下足了功夫，书店店员们无不绞尽脑汁，充分发挥自己的创意。

因此，现在逛实体书店，通常能够一眼掌握当下的流行趋势和社会风貌。**就算没有买书的打算，每周去一次实体书店，也能帮助你抓准时代的脉动**。

与网络上基于算法的精准资讯不同，书店提供的是由人工精挑细选后的知识和智慧。

每周去一次书店，浏览一下畅销书，把握潮流变化的脉动。

35

通过网上书城
弥补弱点，提高效率

正如上文所说，以亚马逊为代表的电商平台通过算法进行精准的市场调查。平台会根据消费者浏览的页面、购买的商品，推测、推荐其他类似的商品。例如，你购买了与动物有关的书，平台就会不断推荐类似的书籍，并在动物类新书上市时，推送给你一则通知。

这种基于喜好的推荐实际上非常省时省力，让消费者不再需要通过搜索，大海捞针般地寻找适合自己的书籍。如果说实体书店能够带给我们意外的邂逅和收获，那么网上书城则会把你的阅读习惯、偏好排查得一清二楚。

网上书城的另一个好处是，能够轻松查找到二手书。**以前，爱书人需要通过实地探访，在二手书书店里淘书，而现在只要点击鼠标，任何古籍文献都能快速锁定。**

总而言之，网上书城的出现极大地缩短了读者搜寻书籍的时间。物流越来越便捷，书籍越来越丰富，爱书之人的天堂不过如此。

网上书城有实体书店不具备的两大优势。
了解自己的阅读习惯，轻松淘到二手书。

36

文字量较少的书
更要慢慢读

在我担任企业咨询顾问的期间，写过、读过的策划书不计其数。咨询顾问的工作就是要跟文件、资料打交道。我的亲身体会是，400人规模的公司，打印纸的消耗量往往比数万人的大企业还要多。

这是为什么呢？答案很简单，他们习惯把策划书准备得非常非常厚。但说实话，厚厚的策划书从来都是无趣的，有趣的策划几页纸就够了。阅读厚厚一叠策划书时，大家往往会一目十行，根本不怎么细看。策划书的厚度只是一种毫无意义的自我满足，恰恰显示出作者的不自信。

书籍与策划书如出一辙。

书籍说到底就是一份策划书，作者一味地堆砌文字量，实际上是一种推卸责任的做法。**那种各打五十大板的写法，冗余的内容大量堆积，想要表达的意义却越来越模糊不清**。更有甚者，某些作者会把文章的长度作为判断书籍优劣的标准。

这样的书籍不会获得读者的青睐。要知道，出自天才之手的、历史上最著名的童话、诗集都是那么精简而隽永。

字数虽少，内容却更厚重。
童话、诗集是天才们的心血结晶。

37

最有效率地
提升阅读能力的方法

如何判断一本书是不是好书呢？

当然，一本书是不是好书因人而异，没有绝对的标准。一本书或许对这个人有益，却同时可能会对那个人有害。而且，如果根本没有养成阅读习惯，则讨论这个问题更显得毫无意义。

判断一本书是不是好书，唯一的方法就是阅读大量的书籍。**只有通过阅读，你才能获得辨识好书的慧眼。**

我曾经每天都去书店报到，每天买一本书回家，就这样大约一年后，我对书店的人员、书架陈列的方式了如指掌，几乎可以立刻充当兼职店员。

　　磨炼出一双慧眼后，码放在书店出入口的畅销书便不再能够满足你，你的好奇心自然而然会落到书架上，在一排排的书脊中寻找真正的好书。

从书店门口的畅销书到书架上静静排列的好书，发现所爱并不难。

38

好感、反感、陌生的作者，
三本书深度挖掘

　　在工作中，我经常需要阅读大量的资料和书籍。其中不乏临时、突发的工作邀约。为了尽可能满足对方的需求，我会立刻跳入浩如烟海的资料之中，但有时数量实在太过庞大，时间总是不够用。可身在职场，时间又是必须遵守的铁律，超时、迟到是职场大忌。那么，究竟该如何是好呢？

　　在有限的时间内，摄取知识、资讯的最佳方案：在目标领域中挑选三本看起来相对好读的书。

　　通常，我建议选择"有好感的作者""相对反感的作者"以及"陌生的作者"，各一本即可。需要提醒的是，那些看上去非常深奥，会引发生理排斥的书绝对不要尝试。尽可能选择言简意赅，字数相对较少的书籍。通过三种不同的角度，你能够快速把握问题的核心，找到深入挖掘这一议题的线索。

不妨把这三本书想象成一个三角形，它们能让你的知识体系更加稳固。在认真通读完"有好感的作者"撰写的作品后，另两本书只需要一半的时间就能读完。

来自不同作者的三本书让你深入议题——有好感的作者、相对反感的作者、陌生的作者。

39

摄取知识的质量
总是以数量为基础

　　没有养成阅读习惯的人通常都有一句口头禅：阅读关键在于质量，而非数量。

　　我承认，阅读的质量的确非常重要。但是，阅读质量高的人，阅读量通常是普通人无法想象的。例如，被誉为知识界的巨人、已故学者井上久志的藏书超过20万册；已故学者渡部升一藏书15万册；活跃于当今知识界的出口治明、佐藤优也都是出了名的爱读书，藏书一定相当丰厚。

　　15万至20万册图书相当于一座小型图书馆的规模，唯有通过大量的阅读，才能累积起相当的知识储备，从而产生出真知灼见。

数量与质量并不是背离的关系。

数量与质量是成正比的。

没有大量的阅读作为基础，根本无法实现所谓的优质阅读。那些宣称只读好书、重复阅读的人，实际上根本没有养成阅读的习惯。鉴别好书的慧眼需要依靠大量的阅读才能获得。

全世界的书籍无穷无尽，就拿日本来说，每年会出版超过7万种新书。适合你的好书绝对数之不尽。

多读与重复阅读并不矛盾。
重复阅读的人一定具备庞大的阅读量。

40

不从书上学就
什么都学不到

　　有些人宣称，要从人身上学习，而不要从书中学习。

　　我敢肯定，持这种观点的人，既不会从人身上学习，也不会从书中学习。学习是不分对象的，人也好，书也罢，本来就是一回事。书是人写出来的，书相当于人的分身。

　　设想一下，如果要跟陌生人见面，事先阅读过对方的著作或专栏，交谈后能够获得的启发、学习到的东西起码是毫无准备时的1万倍。质量100倍×数量100倍＝10000倍。

事先毫无准备，见了面最多也就是寒暄几句，不痛不痒的社交辞令，表达一番对对方的欣赏或敬仰，仅此而已。严格说来，这简直就是浪费对方的时间。

当你做足功课，通过阅读对对方有一定的认识时，说出的话、提出的问题才能更为具体、精准。

对方的著作当然不能忽略。

做足功课才能让问题更加精准。

41

广泛阅读后，知识会在睡眠时自动整理

有读者问我：如果毫无主题、胡乱地阅读，头脑中杂七杂八的内容太多怎么办？

的确，不设主题的广泛阅读会让头脑被各种知识、资讯填满，我也时常有类似的体会。但绝对不要因此放弃阅读，当大脑中的混乱局面到达某个临界点时，头脑会自动自发地开启某种整理、归纳的程序。

在与他人沟通交流的时候，当被人问到某个问题时，你会自然而然地想起之前在某本书中读过的段落，通过分享和讲述，看似全无头绪的知识和资

讯开始自动串联起来。

**繁杂的讯息会在每天的睡眠过程中得到整理，
最终进化为宝贵的知识储存下来。**

某些读到过的内容势必会被暂时忘却，但也
许另一位作者的著作会再一次、以全新的角度提及
它，这种反复提及会加深记忆和理解。

总之，不要担心大量阅读会导致无法吸收，保
证健康的深度睡眠即可。

人类的大脑比你想象的还要神奇。
大量的讯息会在睡眠过程中得到整理和
归纳。

42

从书籍的腰封上
获取时下流行的元素

当我需要撰写市场推广文案时，总会第一时间往书店跑。这是我担任企业咨询顾问时经常使用的方法。

想要写出令人眼前一亮的文案，却搜肠刮肚一无所获，此时不妨去书店瞧一瞧，浏览那些畅销书，你一定会获得许多灵感。

特别是女性书籍、孕产书籍、考试书籍等，与日常生活距离越远的主题越值得一看，通过浏览最近出版的新书封面，你会重新找回"当下的语感"。

时下流行的元素，其实都印在新书的腰封上了。编辑们挖空心思，运用最恰当、时髦、吸引眼球的词句，腰封上的宣传语一定会让你茅塞顿开。这一切居然完全免费。

　　另外，腰封上通常还会罗列该书的主要内容，节选最精华的段落，或用较为抽象的方式表达全书的意境与氛围。总而言之，腰封浓缩了书籍最精华的成分。

书籍的腰封是文案的典范。
为腰封买书的状况屡见不鲜。

43

读得慢才会
读得快

关于读书的速度，很多人都会有某种错误的观念，认为读得快是聪明、思维敏捷的象征。

实际上，关于速度，我认为有意识地慢慢读，结果反而会提升阅读的速度。

有些人喜欢在咖啡店、交通工具上阅读，在公共空间阅读千万不要在意旁人的眼光，如果为了夸耀自己的阅读速度草草翻过书页，那可就得不偿失了。

不要介意旁人的眼光，以适合自己的速度，慢慢阅读，充分理解书中的内容，结果反而会提升阅读的效率。换句话说，想要提升阅读速度，靠的不是快速翻动书页，而是扩大知识面，广泛接触各个领域、各种类型的书。

总之，速读并不能让你看起来更聪明、更成功，成功者也绝对不会被旁人的目光左右。

速读是为了加快速度，还是不想在旁人面前显得愚笨呢？

44

在会面前阅读对方的著作，更容易抓住稍纵即逝的机会

假如你有机会跟崇拜多年的作家见面，你会怎么跟对方交流呢？如今，通过社交网络，读者与作者之间的距离被迅速拉近，在签名会、书展等场合见到作家的机会也很多。

如果我有幸与某位作家见面，我一定会想方设法读完对方所有的作品。**如果只挑选自己喜欢的门类、文体，根本无法完全展现你对这位作家的喜爱。**

例如，有一位作家出版了100本书，你因工作需要获得与这位作家交谈的机会，在见面后你会说

"我读过十几本老师的书"还是"老师的书我几乎都读过"呢？我想，这位作家的回答多半只有"谢谢"二字。你显然错过了与对方进一步拉近距离的机会。

　　如果你能把这位作家出版的100本书从头到尾读一遍，并一上来就对他说"老师的100本书我都读了，一直在为今天做准备"。我想，对方肯定会对你印象深刻。

对于崇拜的作家，每部作品都值得一读。销量不佳的冷门书里反而藏着更大的能量。

人生最重要的东西，都能在『书店』找到

第5章

书籍
磨炼你使命必达的
"工作能力"

All I Really Need to
Know I Learned at the Bookstore.

45

"为什么选择这本书"
就是所谓的市场推广

市场推广这个词经常出现在商业领域，但能够说明其背后含义的人却不多。无法说明，自然对于市场推广的价值一知半解，也无法在实际的工作中加以运用。

所谓的市场推广，用最通俗的话来解释，就是让消费者在数量众多的商品中，对你正在销售的商品产生"哇！好想买"之类的购买冲动。

请注意，"哇"的意思是眼前一亮，感到惊喜，而绝非"有点想买""还算OK""买一个也可以"之类模棱两可的态度。

在选购书籍时，你一定也是因为心里"哇"了一下，才会愿意自掏腰包把那本书买回家，不是吗？

一本书打动你，让你产生购买意愿就已经收回成本了，书籍的内容是第二位的。

回想一下自己被打动，产生购买愿望的那个瞬间，将这份感动运用到工作中。需要提醒的是，这不仅仅适用于从事市场工作的人。无论你是负责策划、销售，还是从事制造、行政、人事、财务等工作，哪怕是兼职或实习，这都是职场必须掌握的法则。

始终给职场同事、客户、消费者创造惊喜，你的工作也会变得更有乐趣。

回想一下你"为什么选择这本书"。
了解自己是市场推广的第一步。

46

在阅读的同时明确
当局者意识、问题意识

阅读也好，日常生活中发生的事情也罢，我们应该尽早明确当局者意识和问题意识，不要袖手旁观，要有同理心，懂得设身处地、换位思考。

看到别人出丑，千万不要在一旁冷嘲热讽，不妨想一想，换作是你会有怎样的表现。同样，看到别人表现不佳，也请换位思考，反省一下有没有值得自己引以为鉴的地方。

在20多岁的年纪养成敏锐的观察能力，积极体察环境的变化，30岁后的成就自然高出一截。

从同样的一本书中，有的人能学到一个道理，而另一些人却能学到一百个道理。只能学到一个道理的人，通常都只是生活的旁观者，活在他人的阴影之下。能够学到一百个道理的人，则是生活的当局者，背负着压力和风险，每一天都过得格外充实。

当局者意识、问题意识在工作中也是必不可少的，在公司内部，当局者意识越强，越愿意背负责任、风险的人，越容易身居高位，获得更高的报酬。

当局者的阅读，事半功倍。
旁观者的阅读，事倍功半。

47

在无趣中看到有趣
才是真正的智慧

　　有些人认为阅读很乏味，有些人觉得交谈很无聊，他们都是缺乏智慧的平庸之辈。

　　真正有智慧的人，能够在无趣中看到有趣，即便99％的人都觉得"枯燥乏味"，他也能从中发现值得玩味的地方，并乐此不疲。对司空见惯的事物，也不抱有成见。

　　阅读的过程，会把日常生活中司空见惯的事物、概念一一打破，因此我常说，有阅读习惯的人通常都是谦虚的。

　　把无聊、乏味挂在嘴边，往往也一并将感谢置之脑后。无聊、乏味是感谢的反义词。对司空见惯的日常生活抱持感激之情，恰恰是人世间最核心的真理。

地球上无数的人都曾目睹成熟的苹果从树上落下，大家都觉得那再平常不过了，唯独一个人忽然大叫起来。他就是英国物理学家、数学家、天文学家牛顿。

头脑的进化就是人生的进化。
阅读能改变所有无聊和乏味。

48

勇于作答的人
会在不断挑战中收获成功

　　学校的考试通常只有一份标准答案，这本无可厚非。然而，以我的观察，那些规规矩矩、生怕出错，擅长死记硬背的高分学生，未来的人生似乎总是不太顺遂。反而那些勇于提出自己的观点，擅长质疑的学生，在后来的职场中闯出了一片天。

　　在现实社会中，哪有什么标准答案呢？

　　如果你能从书中读到特殊的意味，并为此感到兴奋，又有什么不可以呢？培训研习会同样如此，过度执着于细节，跟讲师就事论事地讨论数据、论据并不能给你带来任何启发。绝大多数状况下，概念只能通过实践来检验。

　　要做那种勇于作答、不怕犯错的人，在职场中不断挑战，最终就能收获成功。

人生要不断试错。
不怕犯错是难能可贵的能力。

49

不要照本宣科，
在策划中融入自己的创意

阅读会让人变得充满创意和好点子。把书上看来的策划案照搬到工作中，会立竿见影地提升工作业绩。但过不了多久，这份策划就会失去它的吸引力。究其原因，人都是喜新厌旧的。新鲜感会随着见面次数的增加而逐步递减。

因此，从书中获取灵感，为客户撰写策划书，要提前准备好后续的升级方案。习惯偷懒，你将会成为那种被标准答案束缚的人，事业上无法更进一步。

永远找寻标准答案的人生是疲惫的，也是空

虚的。

通过广泛的阅读吸取灵感，开动脑筋在策划中融入自己独特的创意，形成良性的互动和正循环。

书中出现好点子，不要原样照抄。
开动脑筋，融入自己独特的创意。

50

接受和顺应
让工作更顺遂

　　人的成长离不开接受和顺应。无法接受现状，恰恰证明了你还不够成熟。

　　无法接受和顺应也是傲慢的表现，而愿意试着接受现状的人，总是显得更为谦虚，也更有人性的厚度。我敢断言，接受和顺应会让工作更加顺遂。

　　只要你拿出愿意接受和顺应的诚恳态度，周围的人们一定会像老师那样倾囊相授。

　　人生很像是一个高尔夫球场，愿意分享经验的大有人在。步入社会之后最大的差别是，老师并不一定比学生地位高。有很多已经功成名就的企业家，仍然非常谦虚地向其他人请教，这是成功的必要条件。

　　阅读同样如此，不要急于质疑，换个角度，试着理解作者的立场和处境，培养自己接受和顺应的能力。

阅读能让人变得谦虚。
怀有感恩之心，学会接受和顺应。

51

把书籍看作
一份策划书

书籍是一份策划书。

作者想要传达的意念通过读者、作品散播开来。

职场的策划书究其根本也是传达意念的途径。每个在商界工作的人都得具备撰写策划书的能力。在此我想强调的是,无论是否在策划部门上班,每个在商业界工作的人无一例外地都应该具备这一能力。如果把策划书当作策划部门、经营战略部门和总经理、中层干部的专利,这样的企业就永远都无法做大做强。

按照我的实际经验,发展势头迅猛的公司,每位员工每天都有新的创意、想法，就连兼职人员和实习生也不例外。商界的工作，跟写策划书本来就是同义词。

策划的本质是希望这个世界变得更加美好。

如果把书籍当作一份策划书来读，你一定会得到更多启发。策划的目的是希望世界更加美好，希望人们能从中获得希望和鼓励。书籍会给你源源不绝的积极影响。

阅读对撰写策划书大有启发。
换个角度，带着问题阅读效率更高。

52

更换书名，
锻炼自己的归纳能力

在阅读完一本书后，不妨尝试开动脑筋，为这本书更换一个书名吧。

书籍的标题，也就是书名通常是由出版社决定的。书名与书籍的内容并不一定完全匹配，在阅读完整本书后，你能不能找到一个更贴切的书名呢？在出版领域，制作一本书通常需要大量的经费，大致与购买一辆新车接近。因此，请站在出版社的角度，认真地想想看吧。

更换书名的过程能够锻炼你的归纳能力，让你更擅长直指事物的核心，思考更有逻辑性。

正如前文所说，凡事应该抱持当局者意识，养成换位思考的习惯。

在我看来，再怎么成功的企业咨询顾问，在归纳能力、判断力等方面，都远远不如中小企业的经营者来得出色。原因很简单，当局者意识有明显的差异。

站在出版社的角度，养成当局者意识，是提升归纳能力的捷径。

直指事物的核心，提高工作能力，与当局者意识息息相关。

53

透过封面的装帧
了解设计规律

每次购买畅销书后，请翻到版权页，认识一下
负责封面设计的设计师。

虽然封面设计并不是书籍畅销的充分条件，但
每一本畅销书，封面几乎都设计得非常精美。换句
话说，畅销书之所以畅销，与封面设计的关系相当
密切。

严格说来，书名和封面设计是书籍销售的重中
之重。如果书名、封面设计毫无吸引力，哪怕内容
再精彩，读者恐怕根本注意不到。在一般的购买行
为中，消费者首先被书名、封面设计吸引，将书籍

买回家以后，内容才开始发挥作用。

在了解书名和封面设计的重要性后，你会惊讶地发现，畅销书的幕后推手——顶尖的封面设计师总是那么几位。

也就是说，在平面设计领域，一定存在某些令书籍畅销的密码。人的左脑擅长分析数据，右脑则与感性的设计直接相关，培养自己的审美也很重要。

畅销书的设计绝非信手拈来。
活化右脑，加深理解。

54

用 SWOT 方法
对出版社进行分析

把今年最畅销的10本书挑出来，了解一下推出这些作品的出版社吧。好奇心强的读者不妨挑出最近3—5年的畅销书，你会从中获益匪浅。

其实，某几家出版社是年度畅销书榜单上的常客。这是非常了不起的成就。**要知道，全日本每天会有200多种新书上架销售，一整年的新书多达7万册，能够脱颖而出靠的绝对是实力，而非运气。**

而且，能否闯入年度畅销榜与出版社的规模无关。规模极小的出版社同样具有创造奇迹的潜力，读者购买书籍并不会首先考虑出版社。图书市场是相当公平的。

　　为了进一步加深对出版业的了解，我建议你采用SWOT（S：优势，W：弱点，O：机会，T：威胁）方法对书架上的藏书进行一番分析。这样做不仅能对各大出版社的特点有更清晰的认识，还能增加选书时的乐趣。

　　如果你发现某家出版社的书籍封面突然时髦起来，他们多半是换了老板；反之如果某家出版社不思进取，那么他们内部肯定是一言堂。

　　竞争激烈的出版业值得深入研究。
　　仔细分析，把结果运用到眼下的工作中。

55

洞察书中
隐藏的主题

很少有读者会注意到，大多数资深作家习惯在书中安插另一个隐藏的主题。言情小说、推理小说等作品中，隐藏主题的存在更为普遍。

思想哲学类书籍由于历经毁禁，能够流传下来就说明其具有不朽的价值。

在大学时期，我了解到所谓隐藏主题，后来也在自己出版的作品中尝试加入类似的伏笔，有多少读者发现了呢？

如果要问为什么作家会在书中加入隐藏主题，用暗语的方式表达心声，答案不言而喻，即不这么做就无法出版。当作家、作品面临打压和查禁的风险时，唯有退而求其次采取隐晦的表达方式。

如何洞察书中的隐藏主题呢？没有捷径，用心去感受吧。

阅读过程中忽然获得的灵感就是隐藏主题。
洞察的方式唯有用心感受。

人生最重要的东西，都能在『书店』找到

第 6 章

书籍给予你
摆脱财务风险走向
财富自由的
"变现能力"

All I Really Need to
Know I Learned at the Bookstore.

56

从书本中摘录真知灼见，
并把它送给重要的客户

我认为，人世间最高级的礼物是时间和话语。

我们每个人都向死而生，每个人总有一天都会走到人生的终点。在有限的生命里，没有什么比时间更宝贵。另外，话语能够给人意想不到的强大力量，没有人能靠一股子蛮力改变世界，但绝大多数的革命、战争都跟话语息息相关。

因此，如果你能为客户牺牲时间，送上从书本中摘录的真知灼见，这会成为最打动人心的礼物。

每当你在书中读到深受启发、感动的话语，不妨立刻抄录下来，找一个合适的机会送给对方。单纯的公事交流无法让你与对方拉近距离，只有分享生命里的点点滴滴，表达出你真切的关心，才能让客户对你另眼相看。

让客户不时想到你，主动与你保持联络。

将书中的真知灼见分享给客户。
一年后，与客户的关系会大幅改善。

57

从当年的畅销书中
摘录一句触动心弦的话

畅销书里写满了对于经济动向的精准分析。

所谓经济，实际上汇聚了人类心理的种种，并通过数值加以表现。因此，如果一本书能够精准地反映人类的心理活动，就很有可能成为畅销书。

掌握人们的心理活动是获取财富的第一步。我常常建议大家，想要实现财富自由，与其学习商务经营，不如直接研究心理学。

日本通常将心理学和教育学归入文科，而它们在欧美则属于理科的范畴。在欧美，学习心理学和教育学的学生需要运用高等数学，建立数学模型，反复论证，进行科学实验。诺贝尔经济学奖也授予了行为经济学方面的学者，这门学科是以心理学为基础的。

随着互联网的发展，社会结构正在发生快速的变化，论资排辈、终身雇用等固有的价值观最终会土崩瓦解。未来，对于心理的关注只会有增无减。阅读畅销书的意义和价值就在这里。

畅销书始终关注人类的心理活动。
将触动心弦的话语记录下来，加深理解。

58

花多少钱买书
与年收入成正比

　　我敢断言，你用于购买书籍的费用，绝对不会白白浪费。

　　网络普及令新媒体不断发展，很多人开始倾向于通过有声书、网络视频等获取知识。然而，书籍价格更为低廉，随时随地都可以进行阅读，相比之下性价比更高。

　　只需花费一两千日元（几十元人民币），就能接受各行各业精英人士手把手的指导，书籍能将他们的真知灼见传授给你。

　　网络新闻、长文章的确能够适时提供资讯，

但与书籍承载的信息量不可同日而语。按照投入的时间，我们可以把信息分为资讯、知识、智慧三大类。资讯是碎片化的，资讯相互结合形成知识。新闻停留在知识的层面，而知识在当今的网络环境下，几乎是免费存在于互联网上，供我们随时查阅的。

知识的有机结合最终会形成所谓的智慧，这种有机结合必须经过大脑的思考，不会凭空产生。

智慧是最值钱的，因为它以时间为代价。

正因为书籍花费了太多人太多的时间，才拥有了不可替代的价值。

正因为花费大量时间，智慧才有价值。资讯和知识可免费获取，而智慧的价值不断提高。

59

从没有人因买书
变得生活拮据

无论买再多的书，花费总是有限的。

在我看来，不仅仅是阅读，为自己的未来进行的每一次投资都是低风险、高回报的明智之举。

不妨让我们试着计算一下，如果每天买1本书，1个月花费1500日元（70余元人民币）×30天，即4.5万日元（2000余元人民币）。如果负担不起的话，也可以调整为每周买1本书，也就是1个月花费1500日元（70余元人民币）×4周，即6000日元（约300元人民币）。当然，如果你想通过电子书、有声书、视频等途径自我增值，结果也是殊途同归的。

每周买1本书，1年就是52本，1天1本的话，1年则超过300本，无论如何都好过一年到头1本书都不读。

是否养成了阅读习惯，会明显地在言谈中流露出来，差距积少成多，等若干年后想要弥补可就来不及了。

至今我接触过不下1万名职场人士，从来没有人因为买书入不敷出，反倒是有人被没有阅读习惯阻碍了升迁的通道。

每天1本书，抑或每周1本书。
一年后，差距会自然而然地显现。

60

有钱人才有书房？
错！有了书房才令事业节节高

　　我非常推荐上班族们就算咬咬牙，也一定要为自己准备一间书房。拥有自己的书房，对于教育下一代也有积极的意义。

　　通常，现代家庭生活空间比较狭小，年轻父母们很乐意为下一代安排学习、游戏的空间，却很少能拥有属于自己的书房。结果就是父母与子女一起坐在沙发上，收看毫无营养的电视节目。

　　子女生来有崇拜父母、以父母为榜样的倾向，你在书房阅读的身影就是最好的教育。书房的存在能让下一代自然而然地对阅读产生好感。

无须赘述，成功人士通常都拥有自己的书房。也许你会问，如果居住环境实在无法满足，又该怎么办呢？我推荐大家通过租赁的方式，为自己创造阅读的专属空间。学生宿舍、共享型办公空间都是不错的选择，从私房钱中分出一部分，为自己的未来投资。

咬咬牙，书房是"智慧的仓库"。
想要让事业节节高，阅读比买彩票实际多了。

61

阅读致富指南书，
按图索骥找到第一桶金

经常听到一种说法：千万不要去买那些教人如何致富的书，最后赚到钱的只有那些书的作者而已。

在我看来，这类说法是大错特错的。所谓的致富指南书，大都非常具有实际意义。更不要说如今出版业不大景气，你认为那些"满纸荒唐言"的成功学、致富学图书能够存活多久呢？

只要你抱着谦虚的心态，就一定能从致富指南书中发现获得第一桶金的方法。**大学时的我通过大量阅读，心中有一个念头越发坚定：就算这辈子无**

法发财致富，至少不会为钱而发愁。

我为什么会有这份从容呢？原因是我已经通过阅读发现了社会生活的核心，一切工作、事业目的都是给其他人带去幸福和快乐，仅此而已。

迄今为止，我阅读过的致富书籍应该超过500本了。它们一再向我证明，唯有给周围人以积极正向的力量，我们才能在职场收获丰厚的回报。

当你愿意深入探索工作的本质时，第一桶金就离你不远了。

不必在乎旁人的眼光，去读"致富指南"吧。
找到为你量身定制的财富方程式。

62

总是三五成群的人
无法成为真正的成功者

成功人士从来不会三五成群，勾肩搭背地出现在众人面前。这是不言自明的。

反之，喜欢三五成群的人通常也少有真正的成功者。究其原因，这类人多少都带有羊群属性，从众心理很强，缺乏魄力。

成功者更倾向于独来独往。

也许有人会问，独来独往岂不是太孤单了吗？

成功者虽然习惯独来独往，却不代表他们没有值得信赖的朋友。不必在意旁人的眼光，忙于参加无谓的交际应酬。只有那些内心充满不安的人，才需要24小时、365天无时无刻不跟亲朋好友黏在一起。

那么，独来独往的成功者都在做什么呢？当然是阅读啦。

很显然，当你活在小团体中时，根本找不到阅读的时间。收入相仿、职位相当、想法相近的人们聚在一起，即便聊得再投机，气氛再融洽，都无法让彼此学到更多东西，有所精进。顶多只是互相舔舐伤口罢了。

阅读让你从小团体中脱身，为自己留出宝贵的独处时间。

63

因为囊中羞涩无法购书
是非常可惜的事

　　如果要问人生中什么事情最可惜，我认为就是囊中羞涩的时期无法购买喜爱的书籍。

　　我念大学那几年，曾经多次体验过其中的滋味。心心念念想买某一本书，却因为差了几块钱、几十块钱而无法如愿。躺在床上辗转反侧，简直想打电话给出版社、书店投诉书籍定价不当。

　　体验过囊中羞涩的我后来暗暗下定决心，以后一定要把所有心爱的书籍统统买回来。我不需要高级轿车，不需要居住在高档的社区，饮食方面也很乐意亲自下厨，身上的衣服穿个10年绰绰有余，这就是我从学生时代持续至今的价值观。

　　如果能把所有可支配收入都用来买书，那将会是我最大的幸福。

金钱不是生活的全部，够花就行。
只愿能随心所欲地购买心爱的书籍。

64

对于充满智慧的人，财富会自己找上门

人们会下意识地被智慧吸引，这是放之四海而皆准的法则。人群聚集的地方，同样也是财富聚集的所在。

正如鱼类的存在意义是游泳，鸟儿的存在意义是飞翔，人类的存在意义显然是大脑和智慧。如果单纯分析身体条件，人类在动物界并不出众，使人居于食物链顶端的正是发达的大脑，以及由此产生的智慧和文明。

进而言之，在人类社会中，智慧的多寡也构成了社会地位的层级。这里所说的智慧并不等同于考试的得分，而是更为本质的对人生真谛的领悟。

当你能通过阅读获取前人的智慧结晶时，财富就会主动找上门。一传十，十传百，人们会陆续聚集到你的周围，财富也是如此。

要做充满智慧的人，除了投身书海别无他法，那是智慧的宝库。

通过阅读在大脑中储存智慧。
人群与财富会被智慧闪耀的光芒所吸引。

65

保持阅读习惯，
从满意到感动

当期待得到100%的回应时，我们自然会感到满意。所谓的感动，则需要获得101%的回应。

千万别小看这1%的差异，感动与满足可有着天壤之别。人与人之间的差别或许只有1%而已，可他们的年收入、社会评价却很可能相差10倍，甚至100倍。

以自然界举例。水在一个标准大气压下100℃时达到沸点，99℃的水只能算是热水，并没有沸腾。**如果停留在99℃，人类又怎么能发明蒸汽机，推动人类历史向前发展呢？**

商业界同样如此，安于现状并不能创造更美好的社会，在100%的满足之上，增加1%，完成1%的进化，人们才会体验到前所未有的感动。

　　这1%是我们工作的原动力，我们要为了这1%更广泛地阅读，长期保持阅读习惯，总有一天会赢得周围人的肯定。

从 100% 到 101%，一分努力换来十二万分的肯定。

66

达到平均年收入的下限后，进修比工作本身更重要

涉世未深的读者想必会认为，增长是必然的，是绝对的善。没错，增长、进步的确是良善的力量，但人不可能永远处于向上攀登的过程。说实话，永远不断增长、进步是不可能的。人世间的万象都有枯荣盛衰的周期，这在人类历史中表现得淋漓尽致。没有一种人类文明能够永远存在，任何有形的东西最终都会腐朽衰败。每个人都会死去，地球总有一天也会消失在这个茫茫的宇宙中。

明白了这一点，就会理解到，增长不是必然的，持续增长违反自然规律。所以，谈到收入，只

要达到平均年收入的下限，就应该把精力放在自我增值上，进修的重要性超过了工作本身。这么做，你的收入反而会有所提升。请不要误会，我并不主张大家为了涨工资而功利地阅读、进修，自我增值的目的是拓宽人生的可能性。以我为例，我在公司供职期间，年收入超过600万日元（30余万元人民币）后，生活质量明显有了提高，打那以后我便把努力的重心从工作转移到了阅读。说得夸张一些，我会在阅读的空当，抽出时间完成日常工作。结果，由于周遭的人际关系逐渐发生变化，我的年收入不断提高，创业后更是如此。

很显然，想要打破目前的格局，唯有从自我增值入手。相信小时候的你已经懂得，如果要在沙坑挖出更深的洞，就先得把洞挖得更大一些。

阅读、进修不是完成工作的手段。
相反，工作是不断自我增值的手段。

人生最重要的东西，都能在『书店』找到

第7章

书籍
能够加速激发你的
"成长能力"

All I Really Need to
Know I Learned at the Bookstore.

67

最重要的那本书，会在辛苦拼搏的时期出现

当一切总是处于恶性循环中时，就赶快去阅读吧。

当人们处在幸福的巅峰期，做任何事情都顺风顺水时，严格说来并不是阅读的最佳时机。以言情小说来举例，能够读出个中滋味的，往往是那些经历过失恋的人。在感情中无往不利，异性缘超好的帅哥美女根本读不懂言情小说，也不会想到要读这类书籍。

失恋的人爱读言情小说，处在辛苦拼搏时期的人也会与对自己最重要的那本书相遇。**人生的低谷**

恰恰是阅读的黄金时期。

　　阅读的基础通常都是在尚未功成名就的青年时期打下的。幸福和乐的环境不适合阅读，含着泪水，咬紧牙关，勤奋阅读的年代是多么宝贵啊。

　　人生有两种状态，沉浸在阅读之中的幸运状态，以及无法阅读的平庸状态。能够与对自己来说最重要的那本书相遇，是命运女神的赏赐。

辛苦拼搏的低谷最适合阅读。
处在幸福和乐中的人难遇到好书。

68

重读 10 年前买的书，确认自己的成长幅度

翻出10年前买的书，重读一遍，你会发现自己的成长历历在目。

你在哪些地方画了线？你把哪些书页折了个角？10年前留下的记号，此时此刻的你能不能读懂呢？相隔10年，我们早已不是当年的那个人。身体不断新陈代谢，大脑中的想法也不断改变，社会阅历、生活经验都不可同日而语。

当然，有成长就有衰退，也许你对某些小细节的感知能力、共情能力下降了，所谓的初心、纯粹的心境也一去不复返了。

正如人会改变一样，10年的时光里，书籍也在不断变化。以前买的书变得乏味，逐渐移到书架不显眼的位置。另一些即将被你彻底遗忘的书，偶然找到翻上几页，却再次令你大为震撼。阅读就是这么奇妙。

丢弃书籍之前重读1分钟，或许你会读到10年前错过的那一行字。

69

提前实现梦想的
阅读方法

　　理论依据固然重要，但我认为除了严谨的学术领域，找到理论依据再行动的人根本无法在职场获得成功。为什么呢？人的生命是有限的啊。

　　人类努力用自己的智慧对宇宙进行解释，但时至今日，能够探明的仍然是很小一部分。因此，凭借经验、推断创立假说，勇于尝试的人才是社会中真正的成功者。在你找寻理论依据的时候，其他人早就尝试了两三次，不断试错增加了他们成功的概率和可能性。

　　只知道等待的人，永远敌不过擅长试错的人。

想要实现自己的梦想，才能和运气并非关键，重要的是在机会到来的瞬间不要迟疑。很多人都在这里栽了跟头，好不容易等来了转机，自己却还没准备好。

　　千万不要被理论依据迷惑，错过了实现梦想的良机。

理论依据会限制我们的发展。
被理论依据迷惑的人，容易错失良机。

70

书籍之外的媒介
也要配合阅读

如果有一本书令你大受启发，就可以把这位作者的其他作品找来，从头到尾深入阅读。如今很多二手书店、网上书城都能轻松买到多年前出版的书籍，几乎不会遇到绝版的状况。

在通读完这位作者的全部作品后，你就差不多能够掌握他的思考方式和偏好了。**每当在工作生活中碰到难题时，便不妨代入这位作者的角度，思考一下，如果换作是他，会如何应对处理呢？**

此外，还可以通过社交媒体、线上课程、沙龙讲座等新媒体，找寻这位作者的其他内容来配合阅读。改变角度，全方位地了解这位作者的所思所想。

　　把作者当成你的老师，把他的观点活学活用到每一天的生活之中。这是成长的捷径。

如果一本书令你大受启发，就要关注作者的专栏、社交账号，参加他的沙龙讲座。

71

缺乏阅读的滋养
容貌也会枯萎

　　阅读会改变人的容貌和表情，按照我的经验，无论男女，养成阅读习惯的人，面容都会显得比较知性、神采飞扬。

　　其实，是否长期阅读，走在路上一眼就能辨识出来。**20多岁读了多少书，大脑里累积了多少知识，到了30岁，可是会在脸上一一浮现的哦。**

　　有些人凭借优秀的遗传因子，学生时代被同学当作"帅哥""美女"，可若干年后的同学会上，大家却完全认不出他们了……

　　遗传因子的影响会从人的容貌表情中逐渐消

退，没有养成阅读习惯的人，20多岁时姣好的面容，到了30岁以后便会逐渐枯萎。相反，长期阅读会令大脑保持活力，全速运转，全身的细胞也能得到活化，散发出来的光芒自然与众不同。

阅读能帮助你对抗衰老。
阅读能使你散发光芒。

72

站在作者的角度，尝试扮演畅销书作家

随着阅读的不断深入，你的心中一定会产生一股冲动，那就是"表达的欲望"。

这是理所当然的。我有一个心愿，就是希望本书的读者朋友们有朝一日都能出版自己的作品。爱书之人通过出书回馈社会，这才是一种良性的循环。

人在接收到大量的讯息和知识后，通过整理和消化，会形成一套自己独特的理论或观点，也会产生与他人分享的愿望，这是写作的初心。当然，拿起笔来，你会发现写作并非想象中那么容易，想把文字写得浅显易懂并不是一件简单的事。

许多作者都会将复杂的事情用复杂的方式进行表述，能够用简单的方式，把复杂的问题条分缕析地解释清楚，更需要透彻的理解与见地。

当你在工作生活中发现灵感，或是有独特的经验想要分享时，不妨挑选一位令你倍感钦佩的作家，模仿他的口吻和笔触，开始你的"创作"吧。

扮演畅销书作家，用他的笔触编写资料、策划书吧。这不仅令工作更有趣味，还能提高自己的表达能力。

73

每年买一本
敬而远之的"冷门书"

如果你感觉生活开始变得单调乏味，那么是时候打破固有的框架，尝试改变一下了。人很容易产生惯性和惰性，沉浸在舒适圈中，不愿意迎接挑战，尝试新鲜事物。

为了打破这一局面，就需要拓展自己的边界，把触角伸向陌生的领域。 当然，探索的过程总是伴随着失败、挫折，没必要一年365天、一天24小时都处于这种状态，一年有这么一天就足够了。

每年买一本你一直敬而远之的"冷门书"吧。敬而远之的理由因人而异。可以是艺术类、音乐类的书籍，也可以是面向家庭主妇的、服饰美容方面的书籍。可以是价格高昂的精品图书，也可以是又厚又重的"大部头"，甚至是那些不符合你一贯审美标准的、封面设计风格怪异的作品……

一年一度的冒险，或许会让你得到意外的收获。

消灭人生中的"冷门"，拓展兴趣与知识面。
阻挡你继续成长的，往往是儿时的自己。

74

晨间阅读是
头脑的广播体操

迄今为止，我担任过许多公司的咨询顾问，一直以来我都提倡在早晨空出时间进行阅读。养成公司上下一起晨读的习惯，会让公司的业绩直线提升。比起在早晨开销售会议、预算会议，晨读的效果更为显著。

晨间阅读是头脑的广播体操。哪怕只能挤出短短5分钟，拿起一本书来读上一段，之后花1分钟与邻桌同事交换意见。简简单单的一个步骤，就能唤醒大脑，让它开始全速运转。

每天早晨，我起床头一件事，就是拿起床头

柜上的书，接着读上一页。可别小看这一页，它能让大脑立刻从睡眠状态切换到活跃状态，令更多想法、创意涌现出来。

睡眠过程中，人的大脑会自动进行记忆的梳理和归档，梦境就是这一过程的直观反映。**早晨是大脑最为清晰、最有条不紊的时期，在晨间进行阅读，会更容易获得启发，产生知识与知识的碰撞，形成化学反应。**

头脑的广播操要比身体的广播操重要得多，养成晨间阅读的好习惯，不必拘泥于书籍的门类，推动企业向前发展吧。

晨间阅读有两大好处：提升素养，磨炼坚韧的意志。

75

以一年后为目标
有计划地阅读

很多人都会在职场上为自己设定明确的目标，例如希望自己能够升职加薪，或是在某个项目团队中成为骨干或组长。

为达成一年后设定的具体目标，有计划地选择相关书籍进行阅读很有帮助。与此同时，也要磨炼自己在众人面前讲解方案、发表演讲的口头表达能力。在讲解时，千万不要泛泛而谈，尽量把握从小处入手的原则，结合自己的兴趣和实际经验，融合案例，加强说服力。

假如你从事保险业的工作，不妨选择一个细分门类，尽可能通过阅读扩展自己的知识面，在这个细分门类做到全公司第一，随后再向更主打的业务进发。

　　明确一年后的目标，有计划地选取相关书籍，一边学习一边实践。

带着目标阅读，成长速度会更快。
学习结合实践，促进螺旋式上升。

76

研究作者的经历，
提高观察能力

作者一般会在书籍的某处介绍自己大致的求学、工作经历。通常，这份"简历"会在出版社工作人员的帮助下，经过反复斟酌最终定稿。我也不例外，每次出版作品，个人介绍的部分都会大幅修改，加入新的内容。

读者普遍认为作者各方面都比自己优秀，因此看到学历、经历并不出众的作者，难免会对书籍的内容产生怀疑。

的确，作者的简历是他的品牌，也是他广受信赖的基础。我们不妨从中找到值得学习的东西。学什么呢？学着提高我们的观察能力。

怎样的作者会受到读者的欢迎？为什么作者没有公布自己的出生年月日？为什么作者隐去了自己的毕业院校？这位作者最重视的又是什么呢？……

对作者的经历多问几个为什么，通过自问自答，提高自己在人际交往中的观察、鉴别能力。

千万别跳过作者的学历、经历。
字斟句酌，学会观察细节。

77

对电子书、网络媒介
持开放的态度

老实说，纸媒的时代已经快要终结了。

很多人依旧坚持纸质书籍有其不可替代的独特性，这只不过是自欺欺人罢了。我认为，出版业应该快速切换到以电子书为主流的模式。

当然，纸质书籍不会完全消失，在一些细分市场，纸质书籍会长期存在，并聚集起一批忠实的拥趸。但电子书取代纸质书的潮流无法逆转，就像马车等前现代的产品、生活方式最终被淘汰一样。

随着互联网、社交媒体、视频媒体慢慢普及，广告、电视也开始逐渐式微，大量人才涌入互联网行业。**希望你也能对电子书、网络媒介持开放的态度，并尝试在网络上发布自己的观点和内容。**

作为旁观者对世界的变化横加批评毫无意义，与其批评别人，不如做那个被批评的人。这样的人生才更有趣。20世纪著名的哲学家海德格尔引入了"常人"（das Man）这一概念，他认为"常人"一辈子只会批评、冷嘲热讽，而没有任何建设性的成就。

别做"常人"里的一员，生命是有限的，勇于挑战吧。

逆流而上不是聪明的生活方式。
顺应潮流，开创属于自己的人生。

人生最重要的东西，都能在『书店』找到

第 **8** 章

改变人生的书籍，"如何挑选与阅读"

78

挑选前言
吸引人的书籍

阅读过大量书籍，也出版过许多作品之后，我敢断言，一本书的前言是最有趣、最精华的部分。反过来说，如果一本书连前言都乏善可陈，那么其余的部分一定更乏味。

作为出版界的一员，我非常理解前言对于作者、出版社的重要意义。如果一本书的前言不能吸引读者，未来的销售成绩就肯定很糟糕。

小说等文艺类作品除外，社科、财经类书籍的前言，通常是这本书最精华的部分。

随着人类的不断进化，大脑开始寻求更大的刺激，人们开始越来越缺乏耐心。如果一本书需要读到100页才能吸引人，为什么不直接把最吸引人的内容放到第1页去呢？

很多人为年轻一代的阅读能力退化而感到忧心忡忡，但换一个角度，也许这反而说明广大读者对于内容的要求越来越高，单凭枯燥乏味的文字已经无法对大脑产生足够的刺激。

正因为认清了这一点，编辑们才会在前言部分下足功夫。

通过前言挑选书籍。毫不夸张地说，一本书最精华的部分就是前言。

79

站着读一分钟，
只要一个词吸引你就值得购入

正如上文所说，我认为除了小说等文艺类书籍，前言几乎是一本书最精彩的部分。

那么，决定一本书该不该买，判断的依据就是前言之后的一分钟。**在书店里浏览新书时，站着读上一分钟，如果有一个词、一句话拨动了你的心弦，那么这本书就有一读的价值。**

有时候，随意在书店闲逛，一些关键词会忽然跃入眼帘，通常这些书都能给你极大的启发。

反过来说，如果你拿起一本书，从中感受不到任何新意，内心毫无触动，那么就算你耐心读上几个小时，结果恐怕也不会改变。

　　我敢说，如果你只读那些触动你心弦的作品，获得的帮助和启示一定是最大的。另外，想要找到适合自己的书籍，适时说再见、勇于放弃也很重要。放弃读完并不是逃避，而是给自己更多空间，发现更多适合自己的好书。

　　一本书站着读上一分钟，寻找那个触动你心弦的词语。

80

全身心投入
热爱的领域

当你对某个领域产生兴趣时，自然而然会需要阅读一批专业类的书籍。此时，阅读和进修会让你格外投入，充满热情。

在求学阶段，我们之所以会对学校的课程感到乏味和排斥，是因为把学习的先后顺序搞错了。在人的一生中，总会有一段自我增值、充电的时期。人会在某个时间点爆发出强烈的求知欲。

当我们没有看到清晰的远景，却在学校被填鸭式地灌输进各种知识时，会讨厌学习实在无可厚非。**真正的学习必须发挥人的主动性，抱有明确的**

目的。

　学生时代的应试教育，只不过是走过场，一旦考试结束，所有知识都被抛到九霄云外。

　因此，如果你总是记不住书里的内容，就说明你并非真心求学。踏入社会后，所有的学习都由自己出发，并最终回归自身。

　一股脑儿投入真正感兴趣的领域。
　通过阅读专业书籍加深理解。

81

比起内容
封面更重要

　　每个人的时间都有限，挑选书籍时，我主张把重点放在封面上。

　　以概率而言，封面精美的书内容相对扎实，封面平平无奇、缺乏设计感的书，内容也好不到哪儿去。

　　特别是进入21世纪后，封面的装帧设计与书籍内容越来越契合，设计师在这方面下足了功夫。

　　我们从小就被灌输"内在高于外在"这类的价值观，然而今天，外在已然成为内在的组成部分。

　　换句话说，书籍的封面其实是内容的一面镜

子。就像人的容貌反映内心的状态一样，所谓"相由心生"就是这个道理。

　　为人们所熟知的畅销书都拥有可圈可点的封面设计和装帧，书名、腰封也很吸引人，这无疑是出版社幕后团队通力合作的结果。正因为书籍内容精彩，出版社才会安排优秀的编辑、设计师负责相关的工作，不是吗？

以书籍的封面作为选书的依据，因为封面是内容的完美呈现。

82

不被口碑左右，
找寻 1% 有趣的好书

在图书、电影评论领域，经常能够听到评论家们感叹："最近一本好书（影片）都没有！"

对于这种论调我实在无法苟同，而且这些话本身才是毫无意义的陈词滥调。希望广大读者千万不要被这些所谓的口碑左右。

扩大阅读量，你能够遇到的好书自然就会相应增加。不读书，不接触新出版的作品，便不会有任何发现。

我认为，任何领域总有1%的作品是值得我们用心品鉴、欣赏的。

按照这个比例，想要发现1部有趣的作品，就去找100本书来读。以此类推，想要发现10本好书，就去读1000本书吧。道理就是这么简单。

　　工作何尝不是如此呢？那一个足以成为代表作的工作邀约，恰恰需要你勤勤恳恳地完成一百个平淡无奇的项目。

　　有良好阅读习惯的人会告诉你某一本书好在哪里，而没有养成阅读习惯的人只会道听途说"某本书好像很无聊"。

泛泛而谈的人多半是道听途说。
阅读会让你勇于表达自己的真知灼见。

83

任何一本书
价值都远超售价

经常有人说眼下的书籍定价太高。

我无意批评这种价值观，我认为，如果你觉得一本书的价格太高，那么它一定不适合你。你应该去买那些让你有"物超所值"之感的书籍。

其实，书籍的价值远远超过其定价。书籍来自作者宝贵的人生经验，作者愿意毫不吝惜地拿出来与读者分享，区区几十元的售价，简直太过便宜了。即便发现买到的书籍并不适合自己，这点费用与作者付出的心血相比，不过是在误差范围之内。

作者将人生的经验无私奉献给读者，身为读者

唯有感谢而已。从学生时代开始，我就一直抱着感激之情购买书籍，对书籍特别珍视。我从来不曾觉得书籍的定价过于昂贵，而且根据我个人的经验，往往定价越贵的书，其内容越为翔实，绝大多数都物有所值。

书籍的价值远超价格。
定价或高或低都在误差范围之内。

84

把书买回家，
目的就达到了一半

爱书之人常常都有一个困扰，计划阅读的书堆积如山。我认为，千万不要把阅读当成义务，阅读的出发点是好奇心，如果演变成了人生中非做不可的事，那就本末倒置了。

把书买回家，目的就已经达到了一半。

无论购书抑或是人生中其他的决定，每一次决断都会深刻地留在记忆之中，犹豫不决的人记忆力通常都很差。

购书的过程是后续阅读的原动力，自掏腰包购书，与之相关的讯息会深刻地储存在记忆之中。

没读完的书，缺的只是合适的时机，不要感到有压力。

借口没时间阅读就不买书的人，才是真正的输家。

不管有没有读完，购书的决定本身就有意义。把拨动你心弦的书买回家，目的就达成了。

85

在 20 岁的阶段，提前对 30 岁、40 岁的人生进行预习

我在大学时期经常阅读针对30岁、40岁以上读者撰写的书籍。甚至我在大学一年级就已经开始阅读与求职、跳槽相关的书了。另外，有关如何进行企业的管理，如何创办、经营公司，如何安排退休后的生活等书籍我也有所涉猎。关于退休生活的下一个阶段——死后的世界我也很感兴趣。

我当时阅读这些书纯粹出于好奇心，并不是为将来的跳槽、创业做准备，但这些书让我对人生的过程、节点产生了相对明确的认识，给了我很多启发。

后来，神奇的事情发生了，求职、初入职场、跳槽、成为企业咨询顾问、专职写作……经历人生中的种种变化，我从来不会感觉陌生，无所适从。

所有重要的场面，我都已经通过阅读预习过了。

我变得从容不迫，对可能出现的人、事、物早有心理准备，更容易适应周遭的环境。我相信，人最终会奏响事先谱写好的乐章。

在学校、职场，通过阅读进行预习。
人们会奏响事先谱写好的乐章。

86

抛开顾虑，
充分"活用"手边的书籍

首先，让我们抛开"爱惜书本"这类陈旧的固有观念吧。

你所购买的书，最大的作用是为你提供知识和智慧，而不是让你收藏在书架上，码放整齐、一尘不染的。在关键的地方画上红线，折起页脚做个记号，只要能够帮助你整理思绪、标注要点，不要在乎是否会把书弄脏、弄破。希望书籍崭新如初，反而会给人很大的压力，对阅读只会造成负面影响。

压力会让我们分心，也令阅读事倍功半。

假如书籍有生命、灵性的话，它一定不会希

望被束之高阁，而是随着主人出生入死，为主人效力。如果你对某本书里的某一段、某个章节特别有共鸣，把那几页撕下来，其余的扔进垃圾桶也没什么好可惜。

身为作者，最令我欣慰的也是与书上贴满便笺的热心读者交流。

对于买下的书，你就是主人。
撕下关键内容，其余扔进垃圾桶也不可惜。

87

总是读不完的书
更要摆在枕边

我会刻意把怎么都读不完的书摆在枕边。那些多半是我读到一半，中途放弃的书籍。这是我最近10年逐渐养成的阅读习惯。

无论工作再怎么忙，回到家，入睡前我都会拿起一本书，试着读上一段。这已经成为我下意识的举动。

如果这本书立刻催生出我的睡意，那也未尝不是一件好事。偶尔，捧起一本书会令躺在床上的我突然精神焕发，要是能熬夜读完，真是求之不得。

当感到睡意渐浓时，我会立刻合上书页，没必要强打精神阅读。

另外，在睡前阅读，也能有效加深记忆，睡眠过程中人的大脑会自动进行梳理和归纳。

从现在起，在枕边放上你最想看的书，时常调整书单，让阅读融入生活的每个角落。

没读完的书最适合放在枕边。
消灭读不完的"大部头"，还能促进睡眠。

88

难啃的"大部头"，
先买下来准没错

浅显易懂的书相对易于实践，对于个人的成长很有帮助。

但说实话，如果你总是阅读那些浅显易懂的书，就很难在人生的旅途中迈入更高的阶段。因为，浅显易懂的书不会令你的思维能力有所提高。

正如每天做10次俯卧撑也许能够维持健康的体魄，但想要长肌肉，这点运动量可就太少了。

大脑同样如此，希望提高思维能力，就得为大脑增加一定的负荷。为了能进入成功人士的社交圈，你需要进一步提升脑力，成为更有智慧的人。

阅读艰涩复杂的书，难免遭遇挫折，不要中途放弃，暂时将难啃的"大部头"放在视线所及的位置，总有一天它会发挥作用。茅塞顿开往往就是一瞬间的事。

脑力锻炼与肌肉锻炼类似。
有意识地增加负荷，才能提高脑力。

后 记　　辛苦拼搏的你，去阅读吧

辛苦拼搏的你，去阅读吧。

如果此刻的你正在辛苦拼搏着，我的建议是：为了收获未来的幸福生活，此刻，去阅读吧。

不要把希望寄托在人群之中，朋友们三五成群，互相舔舐伤口实则毫无帮助。永远身处同温层，不会为你的人生带来任何积极的改变。

相反，你会变得更加失落，陷入失败的恶性循环。赶快跳出向下坠落的螺旋，别抱怨。

在辛苦拼搏的时期，首先要学会接受、理解此时面对的现状，并坚信运气总会改变，人生有苦也有甜。

阅读书籍可以帮助你走出低潮，向内发掘内心的温度和层次。阅读从来不会带给人负面的抱怨，作者积极正向的思维方式会感染你，鼓励你，保护你。

拥有积极心态的你是闪闪发光的。闪闪发光的人们会发现彼此，紧密相连。

不要做成群结队、毫无主见的绵羊，而是成为狮子，去改变世界吧。

千田琢哉

如果没有书籍，
这个世界又有什么好留恋的

人生最重要的东西，
都能在"书店"找到